L 40
b
2676

Lb 4º 2676

26 Gal an 2

LA SOCIÉTÉ

POPULAIRE ET MONTAGNARDE

DE DOLE,

DÉPARTEMENT DU JURA,

A LA

CONVENTION NATIONALE, aux Comités de salut public et de sûreté générale, aux Jacobins et à toutes les Sociétés populaires de la République.

SUR

La procédure intentée au Tribunal révolutionnaire (1) ;

Contre les Sans - culottes Gauvain, Corneille et autres, et sur l'état actuel du Jura.

ABANDONNER des patriotes opprimés et dignes de toute la confiance du peuple, est une lâcheté sans exemple, un signe trop certain de l'anéantissement de l'esprit public;

---

(1) Le sursis a été prononcé le 16 germinal par la convention nationale.

comme défendre des conspirateurs, c'est se déclarer leurs complices, c'est une audace contre-révolutionnaire.

Quand le peuple voit tomber les scélérats qui l'ont trompé, il applaudit; mais lorsqu'il voit ses amis les plus intrépides et les plus constans, prêts de succomber sous les efforts de la malveillance et de la scélératesse, il frémit d'indignation; et il est digne de la liberté, s'il sait, au milieu des cris de l'intrigue et de la perversité, élever sa voix mâle en faveur de l'innocence calomniée, persécutée. Tel est le peuple de Dole; tel est aussi tout le peuple du Jura.

Le représentant du peuple Prost arrive dans notre département: il étoit attendu avec impatience. Nous nous plaisions alors à l'estimer, à l'aimer, parce que nous l'avions vu sans-culotte et qu'il avoit été montagnard. Une belle carrière étoit ouverte devant lui. Le Jura avoit marqué dans la conjuration fédéraliste: tous les districts, celui de Dole excepté, avoient secondé avec frénésie les complots les plus liberticides. Il falloit relever l'énergie des sans-culottes, attérer, punir les conspirateurs. C'étoit alors que venoit d'être renversé le colosse du fédéralisme, toujours prêt à se redresser, s'il n'étoit fracassé par un pied vigoureux. Que fait Prost ? Il se laisse entourer par les plus mortels ennemis du peuple, protège les aristocrates, prodigue les menaces contre les patriotes, et cherche à les comprimer par la terreur.

La société populaire de Dole, cette société de vétérans de la liberté, qui se signala dans toutes les crises, et qui, au 31 mai, résista avec tant de persévérance et de courage au monstre du fédéralisme, et fit honorer le district de Dole d'un décret de *bien mérité de la patrie*, cessa bientôt d'être libre; mais elle commence à respirer, et elle va épancher enfin ses sentimens dans le sein des pères du peuple... de tous les patriotes vertueux et sensibles.

La conduite du représentant du peuple excita des soupçons, ensuite des inquiétudes, puis des murmures; Prost prétendit qu'*on avilissoit en sa personne la représentation nationale*. Sachez, disoit-il sur la place, et dans des assemblées publiques, *que je suis au-dessus de la loi, et que le premier qui oseroit blâmer mes opérations, je le ferai fusiller sur le champ, ou traduire au tribunal révolutionnaire*. Ces propos souvent répétés, l'audace que prenoient les contre-révolutionnaires, l'accueil dur et repoussant que recevoient toujours les sans-culottes, les menaces violentes dirigées contre la société, la liberté assoupie et presque perdue ; tout concourant à désespérer les patriotes, nous arrêtâmes que Prost seroit dénoncé : un peuple immense sanctionna notre arrêté (1).

C'est de cet instant que date l'époque de nos malheurs. Trois de nos membres, Gauvain, Corneille et Lémare sont nommés les deux premiers pour porter à Paris la dénonciation, le troisième pour la rédiger. Le représentant du peuple fait enlever les commissaires au milieu de la nuit et les fait jeter dans les cachots (2).

---

(1) Avant de se résoudre à cette démarche pénible, dix fois la société populaire avoit envoyé des députations nombreuses auprès du représentant Prost, pour lui dénoncer à lui-même les intrigans et les contre-révolutionnaires qui surprenoient sa religion.

Quelquefois la société concevoit d'heureuses espérances ; mais l'intrigue des fédéralistes et des ci-devant nobles prévaloit toujours. Enfin après avoir épuisé tous les efforts les plus respectueux et les plus fraternels, la société populaire crut qu'il ne lui restoit plus que la voie de la dénonciation.

(2) Lorsque quatre-vingts dragons et des gendarmes vinrent entourer la maison de Corneille et s'emparer de sa personne, ils le firent si brusquement et avec tant de fracas, que sa jeune épouse, qui n'étoit accouchée que depuis quelques jours, en fut si

La société populaire surprise de la violation d'un droit le plus précieux de l'homme, qui consacre la liberté de présenter des pétitions, nomme d'autres commissaires : Prost les met en état d'arrestation. Cependant toute communication avec le comité de salut public, avec la convention nationale, est interceptée. Les lettres ne parviennent plus ; la poste n'a point de chevaux ; la municipalité ne délivre point de passe-ports.

Témoin du mécontentement universel, Prost, pour couvrir ses actes oppressifs, après avoir glacé tous les cœurs de terreur et d'effroi, ordonne des informations contre les détenus. Des intrigans démasqués, des ames de boue, avides de places, et qui ne s'élèvent qu'à force de ramper, sont désignés nominativement pour déposer (1).

---

fortement bouleversée, qu'elle fut saisie d'une grande fièvre qui lui altéra tellement le lait, que son enfant en est mort deux jours après, et qu'elle en est morte elle-même quelques jours ensuite dans des convulsions horribles.

(1) Il est important de faire observer que ce n'est qu'ensuite de la démarche que vient de faire la société populaire, en se proposant de dénoncer le représentant du peuple Prost, que sont lancés les mandats d'arrêt; que jusqu'au moment même de leur nomination, les commissaires de la société

Ci-devant avocat, Prost, pour tout embrouiller et pour jeter de la défaveur sur la meilleure des causes, y mêle un curé qui n'a pris aucune part à la querelle. Cette astuce perfide, qui n'a pu être imaginée que par des hommes de peu de délicatesse, a profondément affecté la société populaire de Dole. Voudroit-on insinuer que les Dolois sont des fanatiques ? Nous protestons contre cette calomnie atroce, et nous attestons que Lémare, Corneille et Gauvain ont proposé les premiers d'envoyer à la monnoie tous les hochets du fanatisme, en or, en argent et en cuivre. Nos registres font foi que la société populaire se leva en masse pour appuyer cette proposition, qui alors n'étoit pas tardive.

Le plus intrigant des hommes (1) avoit

---

n'avoient été aucunement inquiétés, et que leur proscription date de la même nuit où le peuple venoit de les honorer de sa confiance, pour porter son vœu à la Convention nationale; que l'information contre eux n'a été commencée qu'après leur arrestation, et qu'à l'égard de presque tous les prévenus, les délits qui leur sont imputés dans la procédure sont postérieurs à la dénonciation portée contre le représentant du peuple; dénonciation légale qui venoit d'être arrêtée par la société, et qui devoit être signée par tous ses membres.

(1) Lauchet. La commission administrative, l'administration du district et la municipalité de Dole,

osé répandre, jusqu'à Paris même, que *Dole étoit une seconde Vendée* . . . .

Cependant le représentant du peuple Lejeune paroît à Dole ; qu'il dise s'il y a trouvé des fanatiques ! Il n'insulte point au peuple, il ne brusque point, il persuade, et dans un seul jour il détruit tous les préjugés.. Le Jura a vu notre enthousiasme, et avec quel transport nous avons abjuré la superstition et célébré la fete de la raison et de la justice éternelle.

A quoi se réduit donc l'inculpation de fanatisme qu'on semble faire perfidement à nos frères opprimés? Si l'ex-curé de Dole est un fanatique, qu'est-ce qu'ont avec lui de commun les six co-accusés, si connus pour les ennemis déclarés de l'imposture et des prêtres? Du reste, ce n'étoit point peut-être le ci devant curé de Dole que nos détracteurs auroient dû choisir pour mieux parvenir à leurs fins criminelles. Colinet nous parut toujours un homme paisible ; lorsqu'il a vu les progrès de la raison, il a remis ses lettres de prêtrise, et

---

Lejeune lui-même, ont écrit au comité de salut public pour démentir cette assertion calomnieuse consignée dans une lettre de Lauchet, qui vouloit se rendre important, et supposoit des troubles pour en exciter; mais leurs lettres ne sont point parvenues.

il n'est jamais venu à notre connoissance qu'il ait cherché à produire dans le peuple le moindre mouvement réprimable.

Quant aux autres prévenus, tout ce que nous savons, c'est que ce sont des hommes simples, sans ambition, sans politique, de francs républicains qui veulent la liberté ou la mort. Ah ! vous ne les avez pas vus comme nous, dans toutes les crises, bravant tous les dangers pour la sainte cause du patriotisme, toujours dans leurs ateliers, sous les armes, ou dans les assemblées du peuple ! vous ne les avez pas vus, après la fuite de Louis de Varenne, abattant la statue du tyran ! vous ne les avez pas vus luttant contre la faction des Lameth et la misère, toujours purs et incorruptibles ! Vous ne les avez pas vus au 10 août, provoquant l'envoi d'une force armée pour protéger les représentans du peuple ennemis du trône, contre les efforts des royalistes insensés ! Vous ne les avez pas vus au 31 mai, lorsque l'autorité nationale étoit avilie, méconnue, lorsque les fédéralistes, presque tout-puissans, dont la commune de Dole étoit entourée de toute part, et qui la tenoient comme en état de blocus, vous ne les avez pas vus alors relever l'énergie du peuple, se rallier autour des commissaires de la convention, voler aux armes, électriser tous les citoyens, et jurer de mourir ou d'exterminer les conjurés (1) !

Quels sont donc les crimes de nos frères ? *Ils ont avili*, dit-on, *la représentation nationale dans la personne d'un de ses délégués.*

Si quelques mots de plaintes contre un mandataire du peuple qui sembloit méconnoître ses devoirs, sont des crimes, tous les sans-culottes de Dole, tous les sans-culottes du Jura sont coupables. Eh ! comment pouvoient-ils garder un stupide silence, lorsqu'ils voyoient autour d'un représentant du peuple une tourbe de ci-devant nobles, ses conseillers, ses flatteurs assidus, des hommes flétris par la justice qu'il avoit sauvés en s'élevant au-dessus de la loi ; ... lorsqu'ils voyoient les fédéralistes les plus forcenés, des individus mis hors de la loi, remis en liberté, en honneur, en crédit, et foulant à leurs pieds les patriotes ; et les patriotes par-tout destitués de leurs emplois, persécutés, proscrits (2) ? Est-ce avilir

_____

(1) L'un d'eux, le citoyen Lémare, venoit de sortir des cachots, où il avoit été jeté, lié et garrotté par les fédéralistes lorsqu'il fut appelé à la commission administrative du Jura.

(2) La société populaire enverra au comité de sureté générale la liste desdits individus qui sont

la représentation nationale, que de dénoncer un représentant qui s'égare?... Depuis quand une dénonciation civique, appuyée sur des faits nombreux, est-elle un crime capital? Est-ce répondre à des dénonciations, que de lancer des mandats d'arrêt?...(1)

On accuse aussi, dit-on, les prévenus d'*avoir fait circuler une lettre contre-révolutionnaire.*

Il est vrai que l'un d'eux nous écrivit lorsqu'il étoit en fuite (2). Sa lettre n'étoit

---

à sa connoissance; elle invite les sociétés populaires de Lons-le-Saunier, de Salins, de Saint-Claude, de de faire parvenir audit comité la nomenclature des traîtres que Prost n'a pas rougi de protéger, et d'y joindre le tableau des patriotes destitués, et le précis de la conduite qu'il a tenue dans les départemens où l'a appelé sa mission.

(1) Nous pourrions ajouter que pour mieux comprimer les opinions, Prost se faisoit accompagner par la gendarmerie jusque dans la société populaire, où il n'a paru que deux ou trois fois pendant six mois; car les hommes qui vouloient le tromper, étoient parvenus à l'éloigner des sociétés populaires, dont ils ont cherché à le rendre le destructeur.

(2) Il écrivoit : « Un représentant du peuple égaré par les fédéralistes et des hommes pervers, vient de proscrire les plus généreux patriotes de Dole, les hommes qui se dévouèrent au 31 mai.... Quel est le sujet de leur proscription? Ils ont été nommés par la société populaire de cette commune pour

point d'un lâche.... L'énergie ne peut elle se concilier avec le respect qu'on doit aux représentans, et pour être soumis, faut-il être esclave ? Comme les perfides dénaturent les faits dans le lointain ! Mais nous les rétablirons, nous dirons tout... Depuis le départ de Prost, on ne nous menace plus ici de la fusillade... Lejeune, ce représentant populaire, est parmi nous ; il aime et protège les hommes libres, comme il poursuit les intrigans et frappe les conspirateurs.

Nos prisonniers étoient à Dijon lorsqu'il vint dans nos murs ; il fut témoin de notre abattement et de notre consternation. Il indique une assemblée générale ; Prost s'y rencontre. Lejeune consulte le peuple ; le peuple se prononce avec majesté.. Tous les intrigans, tous les ennemis du peuple sont dévoilés. Lejeune reconnoît l'innocence des détenus ; il propose à son collègue

---

rédiger et porter à Paris une dénonciation contre le représentant du peuple Prost. Je sais que mes ennemis me chercheront des crimes.... Oui, j'en suis tout couvert aux yeux des fédéralistes, des modérés, des royalistes. Les conspirateurs et leurs complices, restés impunis, vont s'agiter en tout sens pour perdre les sans-culottes.... Mais ne vous laissez point ébranler ; restez fermes et indivisibles, etc. » Voilà en analyse cette lettre que Lauchet a voulu faire regarder comme contre-révolutionnaire !

leur élargissement, Prost y consent. La paix est jurée. Nos frères sont libres... Quelle alégresse dans tous les cœurs et sur tous les visages à leur retour !

Mais tandis que le peuple se reposoit sur des sermens hypocrites, on tramoit contre lui de nouveaux complots de vengeance.

Le lendemain, un homme que nous avons rayé de notre société, que ses collégues ont effacé de leur tableau, un ami, un protecteur des fédéralistes, un fourbe adroit, que le peuple à l'unanimité venoit de répudier comme un traître, Lauchet vole par les ordres de Prost, au comité de sûreté générale, et nos patriotes, sous le poids de la plus odieuse procédure, d'une procédure que Prost lui-même venoit de jurer d'ensevelir sous le néant, sont traduits au tribunal révolutionnaire.

Cependant des traits de lumière pénètrent jusqu'à Paris... La convention prononce un sursis... Vive la république!.. la vérité brillera ; nos sans-culottes sont sauvés.

Effrayés de la conduite de Prost, tous les patriotes du Jura frémissent, et laissent échapper aussi quelques murmures. Prost indigné, *délègue* ses pouvoirs à un nommé Genisset, ci-devant secrétaire perpétuel des clubs des Lameth. Ce subdélégué se rend à

Lons-le-Saunier. Outre l'honneur de Prost, il avoit des affronts personnels à venger. Un comité de surveillance inflexible avoit osé refuser avec persévérance un certificat de civisme à l'un de ses cousins mis hors de la loi. Toutes les instances du secrétaire perpétuel n'avoient pu l'ébranler. Cette injure ne restera point impunie.. Rigueur, Hugues, Ruty, Pisceler, Lami, Ganevas, Vaucher, Roch,... que vous a servi d'avoir pendant cinq ans lutté avec effort contre tous les genres d'ennemis du peuple dont regorgeoit votre commune, qui au 9 août dernier mérita d'être déclarée en état de rebellion? Que vous a servi d'avoir si long-temps bravé les poignards et l'indigence? que vous ont servi les fers que vous avez portés cinquante-trois jours dans les cachots, pour avoir osé rester fidèles à la représentation nationale, lorsque les fédéralistes vouloient l'anéantir?... Vous ne pouviez éviter votre sort, et vous ne fûtes alors arrachés de vos prisons par un décret bienfaisant, que pour être de nouveau poursuivis avec plus d'acharnement.

Croira-t-on qu'on a voulu mettre des fers aux pieds et aux mains de ces victimes de leur courage républicain, que les ouvriers ont été mis en réquisition?... Un de ces fers a été pesé: il étoit du poids de dix-huit livres (1).

Tandis qu'on enchaînoit ainsi des sans-culottes, en qui nous ne connoissions aucun crime, qu'on leur donnoit une garde particulière, un individu prévenu de forfaits contre-révolutionnaires et mis hors de la loi, le neveu de Grenot, ce député brissotin, étoit libre dans sa prison et s'échappoit impunément.

Voilà l'état où Prost avoit laissé le Jura. Par-tout les fédéralistes, les ci-devant nobles, tous les conspirateurs respiroient en liberté, présidoient les sociétés populaires, siégeoient dans les tribunaux, dans les comités de surveillance... bravoient les sans-culottes, et dressoient des listes de proscription, lorsque le représentant Lejeune a paru dans nos foyers. Encore quelques jours, et la contre-révolution y étoit consommée. Déjà, comme dans les temps affreux du fédéralisme, presque tous les patriotes dévoués étoient en fuite ou dans les cachots; les loix de la convention natio-

---

(1) Le chargé de pouvoirs de Prost s'est permis quelque chose de plus incroyable; il est entré dans les prisons, y a visité les contre-révolutionnaires, et recueilli leurs témoignages contre les patriotes qu'il vouloit perdre.

nale, notamment celles du 12 août et du 17 septembre, relatives aux suspects, celles du 17 juin, du 27 juillet et du 9 août derniers, concernant le Jura, étoient méprisées; et un de ses délégués, Prost, osoit dire publiquement *qu'il faisoit taire et parler les loix comme il vouloit.* Déjà une des plus incorruptibles sociétés populaires, celle de Dole, avoit été dissoute... celle de Lons-le-Saunier devoit l'être... celles de Salins et de Saint-Claude étoient menacées; les patriotes de ces communes montagnardes alloient essuyer les mêmes persécutions que ceux de Dole et de Lons-le-Saunier, et les fédéralistes se flattoient de les envoyer à l'échafaud comme des Hébertistes, et se venger ainsi de n'avoir pu les immoler après le 31 mai, en les qualifiant d'anarchistes et de factieux. Les comités de surveillance, fidèles à leurs devoirs, étoient cassés ou paralysés par des défenses *de ne faire aucune arrestation que par ordre du représentant.* Des commissions centrales de surveillance étoient établies... l'aristocratie, aidée de la chicane, alloit intenter des procès aux membres des comités révolutionnaires, à tous les hommes énergiques, à ces hommes purs, invariables, intrépides, qui avoient fait la révolution, qui seuls en soutenoient le char, et dont les vertus et le courage ont subi toutes les épreuves. C'est ainsi que l'aristocratie furieuse, avide de sang, alloit soumettre à l'examen juridique la conduite des amis du peuple, et travestir les moindres fautes et même les actions héroïques, en attentats dignes du dernier supplice. Sa rage et son espoir étoient à leur comble : tout ce que les formalistes avoient de plus tortueux, de plus perfide, de plus assassin, alloit être déployé ; et la honte qu'elle éprouva à la chute du trône, à la déroute du fédéralisme, devoit être lavé dans des flots de sang républicain.

Mais tirons le rideau sur ce tableau répugnant. Le représentant Prost est parti... Les hommes astucieux et pervers qui l'entouroient, qu'il avoit laissés ou mis en place, sont destitués, en fuite ou détenus. Enfin Lejeune nous reste... Le Jura se régénère ; et après tant d'orages politiques, les sansculottes entrevoient la fin de leurs maux.

Mais une pensée douloureuse vient troubler la joie commune et abattre notre courage. Nos meilleurs amis, les meilleurs amis du peuple, des amans de la patrie, victimes généreuses de leur dévouement, sont encore dans les fers et devant la justice, comme des conspirateurs ! Dénoncés par des intrigans, ils ont contre eux, pour témoins, des intrigans encore, des modérés, des fédéralistes, des hommes vendus au crime, mis hors de la loi, et altérés du sang des patriotes. Si leurs témoignages sont reçus, c'en est fait des sans-culottes du Jura : ils peuvent, comme Caton, se percer le cœur, ou s'attendre à périr comme Chalier.

Nous jurons par la liberté, que les ennemis du peuple n'auront pas ce triomphe, et que la république ne souffrira pas ce scandale. La convention nationale, les comités de salut public et de sureté générale, les jacobins sont-là... Nos frères nous seront rendus; nous les embrasserons bientôt... L'aristocratie sera confondue, et le Jura reprendra son antique énergie.

Nous demandons qu'il soit nommé, s'il est nécessaire, des commissaires pour venir informer à Lons-le-Saunier, à Dole, dans tout le Jura, sur la conduite du représentant du peuple Prost, et celle de nos frères détenus. Ils verront le peuple du Jura ; ils connoîtront son vœu ; ils découvriront les manœuvres de l'intrigue des fédéralistes et des contre-révolutionnaires ; et nous jouissons d'avance de la douce satisfaction de voir assuré bientôt sur nos rochers, comme sur des bases inébranlables, le triomphe de la vertu et de la liberté.

Lecture faite du présent mémoire, il a été universellement adopté, et délibéré qu'il seroit imprimé en nombre suffisant d'exemplaires, pour être envoyé à la Convention nationale, aux comités de salut public et de sûreté générale, à nos frères les Jacobins et à toutes les sociétés populaires de la République.

En séance extraordinaire, le 26 Germinal de l'an 2 de la République française, une et indivisible.

Suivent plusieurs pages de signatures.

Pour copie conforme :

Signé GRISON, *président.*

P. A. FRANSQUIN, J. B. NARDIN, et TISSIER fils, *secrétaires.*

DE L'IMPRIMERIE DE BRIOT.

www.ingramcontent.com/pod-product-compliance
Lightning Source LLC
Chambersburg PA
CBHW060628050426
42451CB00012B/2479